Todos los libros de Linkgua Ediciones cuentan con modelos de Inteligencia Artificial entrenados por hispanistas. Pregúntale al chat de tu libro lo que desees acerca de la obra o su autor/a.

Para ebooks: Accede a nuestro modelo de IA a través de este enlace.

Para libros impresos: Escanea el código QR de la portada con tu dispositivo móvil.

Obtén análisis detallados de nuestros libros, resúmenes, respuestas a tus preguntas y accede a nuestras ediciones críticas generativas para una experiencia de lectura más enriquecedora.
La transparencia y el respeto hacia la autoría de las fuentes utilizadas son distintivos básicos de nuestro proyecto. Por ello, las respuestas ofrecen, mediante un sistema de citas, las fuentes con las que han sido elaboradas.

Francisco de Miranda

Viaje de Boston
a Portsmouth

Barcelona 2024
Linkgua-ediciones.com

Créditos

Título original: Viaje de Boston a Portsmouth.

© 2024, Red ediciones S.L.

e-mail: info@linkgua.com

Diseño de cubierta: Michel Mallard.

ISBN rústica: 978-84-96290-65-5.
ISBN ebook: 978-84-9897-754-7.

Sumario

Brevísima presentación

La vida

Francisco de Miranda (Caracas, 1750-España, 1816). Venezuela.

Hijo de Sebastián de Miranda, comerciante canario, y Francisca Antonia Rodríguez, caraqueña, nació el 28 de marzo de 1750.

Estuvo involucrado en la Revolución Francesa, la Independencia de los Estados Unidos, y la de Hispanoamérica.

Estudió en la Universidad de Caracas y fue uno de los hombres más cultos de su época. Tenía conocimientos de matemáticas y geografía y dominó el francés, el inglés, el latín y el griego. En 1781 combatió junto a tropas cubanas, a favor de las fuerzas independentistas, en Pensacola (colonia inglesa en la Florida).

Poco después se huyó de La Habana rumbo a los Estados Unidos, tras ser ordenado su arresto. Desde Boston Miranda se fue al Reino Unido en busca de apoyo en su pretensión de independizar Hispanoamérica de España. También con ese propósito fue, en plena Revolución Francesa (1792), a París. En Londres vivió con su ama de llaves, la inglesa Sarah Andrews, con quien tuvo dos hijos.

Hacia 1805 viajó a Nueva York y en 1806 marchó en una expedición revolucionaria a Haití. Más tarde se dirigió al puerto de Ocumare, en Venezuela, donde fue derrotado por los españoles.

Miranda fue arrestado el 31 de julio de 1812 por un grupo de civiles y militares, encabezados por Simón Bolívar. En

1813 fue conducido a España, a la cárcel del arsenal de La Carraca (Andalucía) y murió allí el 14 de julio de 1816.

El viaje

El ciclo de textos de viaje de Miranda aquí reunidos comprende Cuba, Estados Unidos, Europa y Rusia. Empieza en 1 junio 1783 cuando Francisco de Miranda huye de La Habana, perseguido por las autoridades españolas y termina a principios de 1786, en Roma, Italia.

Con este tipo de libros se inaugura algo que casi se puede considerar un nuevo género: el viaje en sentido inverso, la visión del mundo relatada por los nativos del continente americano.

Viaje de Boston a Portsmouth New Hampshire

Octubre 15 1784

A las tres y media de la tarde me embarqué en Winnesimmet Ferry (tendrá 1 3/4 millas de ancho) y en cosa de un cuarto de hora pasamos a la parte del continente en que está situado Charlestown, dejando sobre nuestra izquierda la playa en que los ingleses desembarcaron sus tropas (en setenta botes) cuando el ataque de Bunkershill (o por mejor decir Bread's Hill que es el propio paraje en que sucedió la acción sobre dicha). Allí encontramos el *Stage* y nos embarcamos en él una mujer, una niña de ocho años y cuatro hombres, gente al parecer de buenos modales. El camino no es muy malo aunque pedregoso y el terreno es bastante pobre en lo que se alcanza a ver. A las cinco llegamos a N. Wells Inn donde hicimos alto un cuarto de hora, tomamos una taza de té y marchamos inmediatamente el camino no es tan pedregoso de aquí adelante; a las siete llegamos con felicidad a Salem y yo me alojé en la posada que llaman Goodhue's Tabern, con muy decente acomodamiento.

16

Por la mañana estuve a ver William Wetmore Esqr para quien traje una carta de recomendación; este me recibió con sumo agasajo y atención, estuvimos juntos a dar un paseo sobre las alturas inmediatas que llaman Gallow's Hill, porque allí acostumbraban ahorcar las brujas en tiempos de craso fanatismo y de aquí vimos en completo prospecto todo el lugar y la bahía, hermosa vista por cierto. De aquí bajamos y dimos un paseo por el lugar, cuya calle principal tendrá cerca de 2 millas de largo (es verdad que es casi la única que hay) vimos de paso la casa de ciudad, que es un antiguo pobre edificio casi totalmente arruinado y la casa de míster Darby que es buen edificio y la mejor del lugar. Después pasamos a ver los archivos de la ciudad donde leímos algo particular.

Salem. Año de 1667 County Court.

Marido y mujer, por haber cometido fornicación antes de estar casados, fueron azotados y multados. Otros por decir by god multados. Otros por haber fornicado simplemente, azotados y multados. Una mujer por no asistir a la iglesia, azotada y multada. Otros por jugar a los naipes simplemente, multados etc., etc. similitud con el código *of the blew Laws in New Haven*. Me excusé de ir a comer por razón de aguardar el *Stage* Coch, que debía llegar a las dos y yo me proponía seguir a Portsmouth, pero ni este llegó, ni yo tuve el gusto de comer y dar una vista a los arrabales con míster Wetmore. Este vino al anochecer a mi posada y me propuso el ir cenar con él, pero yo me excusé por estar algo fatigado y su casa sumamente distante; quedamos en ir a la iglesia al día siguiente y por la tarde a Marblehead; pero habiendo llegado el *Stage* a las nueve y informándome que partía al siguiente día temprano, les escribí una apología, reservando la mencionada partida para mi vuelta.

17

A las siete de la mañana me embarqué en el *Stage* y partimos de Salem, no había más que dos hombres de compañía, cosa muy singular, pues sea en las barcas de ferry, o en los coches de camino, paquetes, etc. nunca faltan mujeres que incomoden. El ser domingo sin duda fue el motivo de que tan raro accidente aconteciese; y, sin embargo, una aguardaba que se le fuese a buscar, pero por no sé qué accidente el patrón del coche lo olvidó. Pasando los pequeños villages de Danvers, de Beverley, de Wenham, llegamos al de Ipswich distante catorce millas de Salem donde almorzamos en una posada mediana: y siguiendo nuestra ruta por Rowley otro pequeño lugarejo, Parker River, río que admite la navegación de pequeñas embarcaciones pero que no jira casi ningún comercio, sobre el cual hay un puente regular de madera, llegamos a eso de las dos de la tarde a Newbury Port lugar de consideración. El camino que llevo referido desde Salem es bastante bueno y sumamente poblado de casas por una parte y otra, con abundancia de orchards, o árboles frutales, que le hacen bastante ameno y agradable. Las tierras parecen, sin embargo y son efectivamente pobres el producto general es pastos, maíz y centeno, sin embargo, tal es la industria y espíritu que la libertad inspira a estos pueblos, que de una pequeña porción de ellas sacan con qué mantener sus crecidas familias, pagar fuertes tasas y vivir con comodidad y gusto, mil veces más felices que los propietarios de las ricas minas y feraces tierras de México, Perú, Buenos Aires, Caracas y todo el continente américo-español. Las distancias de la ruta referida son como se sigue

de Salem a Danvers	3
Beverly	2'/2
Wenham	21/2
Ipswich	6
Rowley	4
Parker River	4
Newbury Port	4
	26 millas

Concluida la comida nos pusimos en camino a eso de las tres de la tarde, a las cuatro pasamos Amsbury Jerry sobre el río Marrimack (que es de bastante agua) con sus dificultades, pues siendo domingo no quiso el barquero pasar el coche, hasta que otros enviados suyos bajo de mano lo hicieron con retardo y obligando al cochero y a nosotros a pagar feriage doble; ¡no está mala la estratagema religionaria! pasando después por los esparcidos lugarejos de Salsbury y Saybrook, llegamos al de Hampton Falls, donde paramos a dar un pienso a los caballos y tomar té. Ya era casi oscuro cuando renovamos la marcha, pero con la confianza de que el camino que restaba era llano y muy bueno el cochero no se apuraba mucho y nosotros, no instábamos. Cuando a cosa de haber andado tres millas vea usted que se paran los caballos de repente, mi criado salta a tierra y hallamos que el coche estaba sobre la orilla de un foso bastante profundo y solo por el espacio de medio pie, ¡no había caído la rueda dentro con todos nosotros de volteta! con algún trabajo hubimos de sacar los caballos y coche del peligro, obligando al cochero que era un ignorante y estaba pelado de miedo a seguir, uno de los pasajeros lo tuvo también y se quedó en una de las posadas inmediatas del camino; el otro que conocía dicho camino ofreció sentarse en el sillón del cochero para dirigirle y yo con esta seguridad eché un sueño en el coche; celebrando haber escapado del pasado riesgo. A las diez de la noche llegamos a Portsmoutb, en donde tomé alojamiento at Stiver's Taverne cené muy bien y luego me fui a la cama, cuyo reposo lo requería el ajetreo pasado.

18

La mañana se empleó en escribir algo del diario y entregar unas cartas que traía para Joshua Wentworth Esqr, coronel Langdon y míster Sheaf. Ninguno estaba en su casa, con que di un paseo por el lugar y me volví a la mía a horas del comer. La dicha posada esta no es la mejor posible, pero no había cosa más buena en el lugar. Después de comer vino míster Langdon a visitarme y convidarme a tomar té en su casa. Efectivamente fui, me recibió míster Langdon con sumo agrado y atención y allí lo pasé en sociedad con alguna compañía que había hasta las once que me retiré a la posada.

19

Por la mañana estuvimos a dar un paseo por el lugar míster Langdon y yo; vimos la casa de ciudad o asamblea que llaman, cuyo edificio no es más que conveniente para el propósito; de aquí pasamos a ver al famoso constructor John Peck para quien traía yo cartas. Lo encontramos en un tinglado u oficina cerca del mar donde se construían algunas bergas y palos para embarcaciones (con sumo gusto y limpieza por cierto) tuvimos allí una larga conversación acerca de su sistema de construcción y del poco premio, o recompensas que su patria le había ofrecido para descubrimientos tan importantes al comercio y a la navegación. Ofreciome una visita al día siguiente y míster Langdon y yo procedimos a dar una vista a los edificios del lugar que excluyendo tres o cuatro casas de tal cual magnitud, todos los demás son bien indiferentes. ¡Jamás vi un lugar de su tamaño en que reinase mayor tristeza y soledad por las calles! a las dos fui a comer con míster Langdon que realmente me trató con suma hospitalidad; no había más compañía que su propia familia, entre ella un hermano de la mujer, joven abogado de unos vientidós años en quien la arrogancia e ignorancia brillan conspicuamente. Al té tuvimos además de míster Toscain, vice cónsul de Francia en New Hampshire, su trato sumamente suave y hombre de alguna instrucción. El resto de la noche se pasó en sociedad y a las once me retiré a la posada. El clima este es tan variable que ha habido más de 31 grados de alteración en el termómetro, en el espacio de veinticuatro horas. Añádase a esto que el frío es tan continuo que por nueve meses en el año están obligadas las gentes a mantener fuegos constantemente en sus casas. ¡Con cuántas desventajas luchan estos pobres habitantes! y ¡cuántos obstáculos vence su industria infatigable!

20

Esta mañana estuvo a visitarme el constructor míster Peck y tuvimos una larga conversación acerca de su nuevo plan de construcción, cuya sección va al margen delineada sobre mi mesa por él mismo; sus principios son igualmente que prácticos y científicos, filosóficos. La forma dice este ingenioso artista es el motor principal de una embarcación. Se ve que una ballena después de estar muerta y por consecuencia sin movimiento en sí, cuando sopla un viento fuerte los botes que la remolcan se ven precisados a cortar el cable por temor de zozobrar con la violencia que el cuerpo muerto del pez les arrastra; no obstante ser dichos botes de la construcción más valiente que puede imaginarse. Mas, dice el mismo, en la construcción moderna se han dado tales delgados a la proa y quilla de bajeles, que en el exterior forman una multitud de curvas inflectas, las cuales no se hallan en las obras de la naturaleza, particularmente en peces; y por consecuencia deben ser las menos adaptables al cuerpo de una embarcación etc. Esta es la base principal de su teoría y que confieso me ha hecho una impresión superior a toda otra sobre la materia esta. Cuando este artista después de infinita oposición construía su primera embarcación en Boston, las gentes la llamaban Peck's Folly (la locura de Peck) hasta que por sus propios ojos vieron y se desengañaron de que ni voltearía con la fuerza de la vela, como sus cortos alcances decían, ni era una locura. Esta construcción reúne ventajas que los demás constructores y todos en general creían incompatibles, esto es que siendo de la mejor vela que conocemos, cargan más que otra de igual porte y tienen menos balance que las de distinta construcción. Ha construido ya siete desde que comenzó la guerra última, a cual mejores. Yo he visto dos que son *The Express of China* perteneciente a míster Parker en Nueva York y marchó para la China; y *The Leda*, de míster Swan en esta ciudad, ambas reunían todas las cualidades que llevo mencionadas. Se queja este hombre de ingenio, que no haya aquí un arsenal en que él pudiese rectificar ciertas operaciones y descubrimientos que cree muy ventajosos en la teórica. Después de esta conversación sabia y utilísima, salimos a dar un paseo a pie hasta una altura que está a cosa de una milla del lugar desde donde hubimos una vista completa de la entrada del puerto, bahía y mayor parte del lugar; cuyos ardedores son bien áridos y el terreno pedregoso por toda la circunferencia. De aquí descendimos a la marina y tomando un pequeño bote, pasamos a una isla que forma el gran canal de la entrada en la bahía, sobre la cual hay aún un fuerte y fragmentos de artillería para su defensa en tiempo de la guerra; el canal tendrá por esta parte como un cuarto de milla de ancho y así está fácilmente defendido. Desde este punto se logra una bastante completa vista de las islas que están interpoladas por toda la bahía. En una de ellas perteneciente a míster Langdon, se fabricó el navío de 74 *América*, que estos Estados presentaron a la Francia, por no tener artillería, jarcias etc. con qué equiparlo (según un satirista de este continente dice) míster Langdon tuvo la dirección por el congreso. Observé igualmente en este paraje, la comida que se preparaba en una casa que allí hay para la maestranza que trabajaba en una embarcación que se construía a la sazón; y aseguro ingenuamente que quedé admirado de ver la abundancia y esplendidez conque se tratan las gentes mecánicas del país, por cuya razón no es extraño que la mano de obra vaya a tan alto precio. A las dos me retiré y míster Peck se fue a solicitar por Michel Sewall Esqr, famoso abogado y hombre de ingenio, para visitarlo por la tarde; pero sucedió que se hallaba fuera de la ciudad, corriendo el distrito con sus cartapacios bajo del brazo, siguiendo la corte para buscar con qué comer y ganar popularidad.

Lo mismo acontecía al nombrado general Sullivan por cuya razón tampoco tuve el gusto de verle. Vive este en una indiferente casa de campo a 14 millas de Portsmouth, donde tiene su mujer y número de hijos, segregados enteramente de la sociedad y sin darles educación formal. Nunca recibe compañía en su casa y así son poquísimos los que pueden decir haber visto, a madame Sullivan, o a los hijos. ¡Vaya usted a juzgar las extravagancias de los hombres! La tarde y noche la pasé en sociedad con madame y míster Langdon, cuyos caracteres son bastante sociables; ella es muchacha y bien parecida, casada por razón de Estado, como lo son casi todas las mujeres en estos países. Él se hizo conocido (era un pobre capitán de balandra) y por haber al principio de las pasadas disensiones con la Inglaterra, apoderándose de la pólvora que había en el castillo que está a la entrada del puerto, a la cabeza de un mob de 2 o 300 individuos, sin embargo de la débil resistencia que intentaron un oficial y ocho o diez soldados que había de guardia; con estas municiones se hizo después el sitio de Boston y el suceso dio tal consideración al amo Langdon, que luego fue hecho miembro del Congreso, comisionado en varios asuntos de importancia, etc. ¡Curso natural de los negocios humanos!

21

La mañana se pasó leyendo un libro acabado de publicar y que está escrito con juicio, instrucción y tal que gusto Belknap's *History of New Hampshire*, Vol. 1th es su título. Vino míster Peck y fuimos a dar un paseo por la marina. No se puede dudar que este puerto es excelente, particularmente para navíos de porte por los fondos que tiene pegado a tierra; cuando la escuadra francesa a las órdenes de Vodreulle, vino el año de 82 a Boston y los navíos desmantelados pasaron allí a componerse, se vio la ventaja. Los mástiles para navíos y vergas que aquí se trabajan son los más limpios y perfectos que quiera imaginarle; a lo que principalmente contribuye la superior calidad del pino. A las dos fui a comer en casa de Langdon y tuve ocasión de tratar a su excelencia el presidente del Estado Nath'l Folsom Esqr, en la conversación que tuvimos convino conmigo de que la constitución era imperfecta en el artículo que exige la profesión de la religión protestante para haber de ser miembro de la legislación. Es un hombre súper envanecido y que no oye; pero como quiera que hay dos partidos y que cada uno requiere el yo, el modo de contentarlos es haciendo uno que sea inútil... y ¡vea usted aquí una de las ventajas de estas democracias! Míster Cushing de Boston y un otro sujeto era toda la compañía; porque en dicho lugar no estilan convidarse unos a otros, ¡la sociedad está desterrada y cada uno se encierra en su casa con la mujer a gozar de los placeres domésticos que llaman, con su pan se los coman! Por la tarde asistí a la asamblea general que a la sazón se juntó para poner en práctica la nueva constitución, que se admitió en convención por el pueblo el año antecedente. Lo primero que se me representó cuando entré en la sala de asamblea, fue todo el mundo estar de pie una trulla de clérigos, ocho en número leyendo un memorial o adrede con dicho motivo... En esta acción se descubre la ambición y vanidad de los eclesiásticos: y la simplicidad y preocupación del pueblo, en pagar extraordinarios respetos a unos simples miembros de la república, cuando se hallan, representando la majestad del pueblo. Concluida esta escena monacal, se ajornó la asamblea para el día siguiente; y yo me retiré a tomar té en casa de Langdon. Aquí encontré dos presidentes de unos pequeños colegios que hay en el interior del país, míster Wheelock y míster Woodbridge, son sus nombres y si hemos de juzgar del instituto por los preceptores no habrá poca pedantería en dichos seminarios. En fin después de oír escolásticas majaderías por dos horas, estos señores nos hicieron el favor de irse. Cenamos en compañía de la familia míster Cushing y yo, que me marché a casa a las once, para volverme al siguiente día hacia Boston. La relación siguiente dará tal cual idea de la presente situación del comercio, población etc. como quiera que se me comunicó por sujetos de toda instrucción y veracidad. En punto al lugar es bastante mal formado y tiene la más triste apariencia que quiera imaginarse.

casas	800
templos, de todas persuasiones	5
colegios	2
News Papers, in the State.	2
habitantes de la ciudad	5.000
ídem del Estado	90.000

embarcaciones de comercio pertenecientes a este puerto	56
ídem que se fabrican anualmente para fuera, etc.	30

artículos que produce el país de Comercio.

mástiles de todos tamaños, tablazón, bacalao,

aceite de ballena, pieles finas.

22

No con poca dificultad hube de conseguir una silla con un mal caballo (costome 5 y medio pesos) en que a las ocho de la mañana emprendí mi marcha. A las nueve llegue a Greenland, donde me dieron muy bien de almorzar y también al caballo que lo necesitaba más que yo. A las diez proseguí mi jornada por el mismo camino que vine, el cual está pobladísimo por todas partes y a la excepción de algunos pedazos areniscos es bastante bueno y llano. A las dos y media de la tarde llegué al ferry con felicidad, donde me embarqué con mi criado y en menos de un cuarto de hora, desembarcamos al otro lado en Newbury Port. Encamineme luego a la posada de míster Davenport, que hallándose llena, me dirigió a la posada secreta de Merrill donde hallé muy superior alojamiento. El ajetreo del camino y el frío me indujeron a quedarme en casa leyendo a Ferguson, sobre el aumento y década del Imperio Romano, que me parece escrita con acierto y profundidad.

23

La mañana hizo muy buen tiempo y salí a entregar algunas cartas que traía. Entregué una a míster John Tracy, que me recibió con agasajo, aunque metido en un Store midiendo sal que es aquí un precioso artículo por ser tan necesario.

Después me fui a dar un paseo por todo el lugar que está comprendido principalmente en una calle que corre por espacio de una milla sobre el río Marrimack. Tiene muchos y buenos muelles para la carga y, descarga de embarcaciones, lo que anuncia la cantidad del comercio. Las gentes parecen más animadas, llenas de negocios y una alegre apariencia por todas partes. Al mismo tiempo observé un crecido número de embarcaciones mercantes que se construyen por lo que se alcanzaba a ver de la rivera de dicho río. Después de este largo paseo, me fui a comer en casa de míster John Tracy; cuyo edificio está a un cuarto de milla fuera del lugar, en una situación ventajosa y bien dispuesto. Allí encontré una larga compañía de los habitantes del país y antes de comer subimos al tope de la casa para dar una vista a un extensivo y agradable prospecto que desde allí se descubre tanto hacia la boca del río, el mar, Cape Ann, como hacia el interior del país. Tuvimos nuestra buena comida en el estilo americano, con algo de doctrina rusoyca en la conversación (Emilio compareció en la mesa) y concluido cada uno marcho a hacer algo de negocio antes que llegase el Sabath pues dudo que los judíos observen más restricción en la materia que estas gentes. Míster Freeman, oficial que fue del ejército continental y sujeto de finos modales, me acompaño a dar un paseo en el jardín hasta la hora del té, que pasamos a tomarlo con miss Tracy; en cuya amable compañía y la de su marido pasamos hasta las once en festiva sociedad.

24

Siendo domingo míster Tracy y Freeman pasaron por mi alojamiento para ir juntos a las diez a oír un predicador famoso llamado J. Murray; efectivamente fuimos a la iglesia presbiteriana y vea usted aquí mi apóstol que en el tono más enfático comienza la deprecación rogando a Dios por la ruina y extirpación de los paganos, mahometanos, Anticristo (el Papa) y sus secuaces, herejes... ¡de modo que un momento se quedó todo el universo, excepto su rebaño, excluido de la protección divina! ¡Bárbaro, ignorante...! siguió disparando en el mismo tono hasta las doce y media que por fin acabo de rebuznar. De aquí proseguimos a hacer una visita a míster Dalton, que me recibió con sumo agrado; y después a comer con míster Tracy y su familia. Concluido se trajo allí una espada y una pipa de piedra, obra de indios que se encontró el año pasado con los huesos de un cadáver, por el general Titcomb, en un bosque suyo a una milla de Newbury Port y digna de admirarse por la paciencia, e ingenuidad que requiere para ejecutarse sin instrumento metálico, como aparece. La memoria que sigue es la mejor información, que pude adquirir; por la que podrá juzgarse del comercio y situación presente de dicho lugar con seguridad. Los edificios más conspicuos son the Presbiterian Meeting (donde está enterrado el famoso predicador Georg Whitfield, Esqr) y las casas de J. Tracy, John Jackson, N. Tracy, T. Dalton y Captain Coombs.

casas	375
iglesias de todas persuasiones	5
habitantes del lugar	4.109
News Papers	1
embarcaciones de comercio pertenecientes a este puerto... como	100
Idem. construidas cada año entre este lugar, Amesbury y Salsbury... como...	100

Artículos de comercio que produce el país
mástiles, lumber, construcción de embarcaciones, Pot &
Perl, ash, linaza, rum de la Nueva Inglaterra, bacalao, al-
quitrán.

25

A las siete de la mañana tomé el *Stage* y me puse en marcha
para Salem, por el mismo camino que vine. No había más
que un pasajero en el coche y así fuimos muy cómodamente
en Ipswich, almorzamos y yo di un paseo por este antiguo
lugar, uno de los primeros que se formaron en esta parte del
continente y que en el día está casi arruinado. Apenas hay
unos pequeños *wharves* en que cargan las pocas embarcaciones que a ellos se llegan. Luego continuamos nuestra ruta
y a eso de las tres llegamos a Salem donde me alojé en la
posada the Social Club, bastante decente y cómoda. La tarde
estaba fría y yo bastante fatigado, conque pedí té y pasé el
resto leyendo hasta la hora de acostarme.

26

Un fuerte constipado y dolor de muelas me atacó, con que
me quedé en casa al lado del fuego, leyendo como podía. A
la tarde me sentí un poco mejor y así emprendí salir a ver a
mi amigo William Wetmore, en cuya agradable compañía y
la de su amable mujer (joven y muy bien parecida) lo pasé
hasta las once que me retiré a casa.

27

Mi amigo míster Wetmore y yo tomamos una silla a eso de
las once de la mañana y emprendimos una incursión a Marblehead, lugar situado sobre el mar a la entrada del puerto

de Salem, distante 4 millas de dicha ciudad. El camino es muy bueno hasta que se quiere llegar a este lugar de pescadores, que todo se convierte en puras rocas y sobre estas están plantadas las casas. Toda su apariencia indica perfectamente lo que es, las habitaciones pobres, pero llenas de gente, particularmente niños, cuyo número es mayor en proporción que el de ninguno otro que yo había visto (500 muchachos contamos jugando en la calle conforme pasábamos míster Wetmore y yo) todos, sin embargo, están muy convenientemente vestidos, lo que demuestra que no hay en casa necesidad. Conforme bajamos a la marina por las pedregosas y desiguales calles que le interceptan, vimos por todas partes una multitud de tendederos llenos de pescado que se estaba sacando y no es poca adición a la escena pescatrix que representa el dicho lugar; como asimismo un fuerte que se construyó a la entrada del puentezuelo que allí se forma en que se abrigan las embarcaciones para su protección. Luego nos volvimos a Salem, observando segunda vez conforme pasábamos las calles el número de muchachos que andan por ellas. Las mujeres tienen fama de escandalosas costumbres; y se dice por allí que Marblehead es remarcable por muchos muchachos y gentes de pelo rojo. En la guerra última sufrió infinito, pero desde la paz recobra con sumo progreso su prosperidad. Dos edificios conspicuos, a más de la iglesia, se notan en este lugar que son las casas de coronel Lee y la de míster Hooper, prueba bien clara de que los Pobres han de formar siempre algún rico

casas	600"
habitantes	6.000"
embarcaciones pescadoras, que pescan por año 60.000 quiú de bacalao	60"

A las tres volvimos y en compañía del reverendo míster Barnard (para quien traje carta) comimos en casa de míster Wetmore. Concluido fuimos a ver la librería pública que contendrá como 550 volúmenes de no malos libros. De aquí procedimos a dar una vista al lugar, cuya calle principal tiene milla y media de largo. Los edificios más remarcables y buenos son las casas de míster Darby, capitán orden; míster Page; míster Pickman; míster Oliver. Sus warves son bastantes y buenos, pero the flats que llaman (unos bancos) les impiden el descargar y recibir toda la carga arrimados, lo cual produce bastantes gastos a los amos de las embarcaciones. Tiene este puerto la ventaja de no tener barra. Sobre una pequeña península, o istmo que se avanza dentro de la bahía se ve el paraje donde los primeros europeos se situaron, cortando la comunicación por un foso y palizada para su seguridad contra los indios... y vea usted acaso la razón porque este paraje fue poblado primero que el puerto cómodo y espacioso de Boston. Vimos asimismo algunas casas antiguas pertenecientes a aquellas desgraciadas familias, que el fanatismo inmoló a su ignorancia por brujería... míster Barnard es justamente un anticuario del lugar y hombre de letras. Este lugar prosperó mucho con el corso en tiempo de la guerra y no decae en la paz; son, sin embargo, sus habitantes notados de insociables, no sin fundamento de modo que forma ya proverbio.

casas	650
habitantes del lugar	7.000
templos de todas persuasiones	7
embarcaciones de comercio pertenecientes a este puerto	60
Idem. pescadoras (fuera de botes que llegaran a 100 con los de Marblehead)...	25

construirán al año embarcaciones   6
artículos de comercio que el país produce
bacalao, lumber.

News Papers a la semana   1

Al ser de noche nos retiramos en casa de míster Barnard donde tomamos té y en compañía de algunos eruditos del lugar, lo pasamos en sociedad hasta las doce que todos nos retiramos. Las transiciones, o variaciones del tiempo son excesivas y no sé cómo la constitución de las gentes pueden resistir.

28

A las ocho de la mañana tomé el *Stage* coche que marcha todos los días a Boston y en compañía de una buena mujer y dos hombres furiosamente habladores, continué mi ruta por el propio camino que vine de Boston. En N. Well's Inn almorzamos y para el mediodía estábamos en Winnisimmet Ferry. En cosa de un cuarto de hora desembarcamos en la ciudad de Boston y yo pasé a tomar mis propios alojamientos, que afeé me sentaron grandemente y mi salud lo requería ya.

Libros a la carta

A la carta es un servicio especializado para
empresas,
librerías,
bibliotecas,
editoriales
y centros de enseñanza;
y permite confeccionar libros que, por su formato y concepción, sirven a los propósitos más específicos de estas instituciones.

Las empresas nos encargan ediciones personalizadas para marketing editorial o para regalos institucionales. Y los interesados solicitan, a título personal, ediciones antiguas, o no disponibles en el mercado; y las acompañan con notas y comentarios críticos.

Las ediciones tienen como apoyo un libro de estilo con todo tipo de referencias sobre los criterios de tratamiento tipográfico aplicados a nuestros libros que puede ser consultado en Linkgua-ediciones.com.

Linkgua edita por encargo diferentes versiones de una misma obra con distintos tratamientos ortotipográficos (actualizaciones de carácter divulgativo de un clásico, o versiones estrictamente fieles a la edición original de referencia).

Este servicio de ediciones a la carta le permitirá, si usted se dedica a la enseñanza, tener una forma de hacer pública su interpretación de un texto y, sobre una versión digitalizada «base», usted podrá introducir interpretaciones del texto fuente. Es un tópico que los profesores denuncien en clase los desmanes de una edición, o vayan comentando errores de interpretación de un texto y esta es una solución útil a esa necesidad del mundo académico.

Asimismo publicamos de manera sistemática, en un mismo catálogo, tesis doctorales y actas de congresos académicos, que son distribuidas a través de nuestra Web.

El servicio de «libros a la carta» funciona de dos formas.

1. Tenemos un fondo de libros digitalizados que usted puede personalizar en tiradas de al menos cinco ejemplares. Estas personalizaciones pueden ser de todo tipo: añadir notas de clase para uso de un grupo de estudiantes, introducir logos corporativos para uso con fines de marketing empresarial, etc. etc.

2. Buscamos libros descatalogados de otras editoriales y los reeditamos en tiradas cortas a petición de un cliente.

www.ingramcontent.com/pod-product-compliance
Lightning Source LLC
Chambersburg PA
CBHW020448030426
42337CB00014B/1461